整理整頓が身につく本

U0720498

超级整理术

妈妈不咆哮，孩子自学
成为整理小能手

〔日〕山崎红（Akashi Yamazaki）著　　杜　冲译

江苏人民出版社

致手中拿起这本书的各位

你，擅长收拾东西吗？

"东西用完了要放回原处""别让抽屉一直开着""看你又把衣服脱了就一直放那儿"——你是不是总是这样被家人念叨？

如果有自己的房间、自己的桌子、自己的书柜之类的可以放自己东西的地方的话，你就有责任把它们整理得干干净净。因为那是你自己的地方嘛。

通过这本书，让你挑战一下整理整顿——简单说就是收拾。不管是在家里，还是在学校，或者是长大之后在公司，这都是很有必要的技能。而且对你以后能过上安全、便利、舒适的生活也会有所帮助。或许你会觉得，从小时候开始就一直从爸爸、妈妈、保育院以及幼儿园的老师那儿学习这些东西，应该没什么大问题。的确，不管是谁每天都会做一些打扫房屋、把玩具放回箱子/抽屉里之类的事情。但是，且等一下！同样是整理整顿，里面也有好的做法和坏的做法之分。如果动一下脑筋，用好的做法来整理整顿的话，就能够很快地把房间收拾干净，从而始终保持整洁的样子。

我虽然写出了这本书，但其实以前也是不擅长收拾的孩子。每次被妈妈念叨之后，虽说可以收拾一下，但马上又变得乱七八糟。我现在觉得，如果那时候就知道好的做法的话，就可以少让妈妈操心一点了。

那么，一起开始"整理整顿作战"吧！衷心期待这本书会让你学到受益终生的东西。

作者 山崎 红

在这本书里，好友二人组的雷伊和真子，在仁老师的指导下，学习整理整顿的各种知识。

请多指教！

雷伊

怕麻烦的男孩。

一旦认真起来能够发挥出巨大的力量。

嘴上虽然不说，其实比较依赖真子。

很高兴认识你！

真子

非常认真、脚踏实地、勤奋好学的女孩子。看似被雷伊任意摆布，其实，一直在帮着雷伊。

仁老师

会在雷伊和真子遇到困难时给予帮助，是位值得信赖的老师。

虽然很热情地进行指导，但他觉得自主思考后的行动很重要，经常会说"试着想一想""做一下试试看吧"。

一起做一下试试吧！

加油哦！

皮皮

仁老师饲养的松鼠。

会转达仁老师的建议，让读这本书的你跟着真子和雷伊一起学习，并在"做一下试试看吧"的环节帮助你哦。

目录

第3章

决定规则吧

第4章

遵照规则开始摆放吧

什么是"整理整顿"？

"整理整顿"，简单来说就是收拾。
怎么做才能变得厉害呢？
为了能在整洁的房间里舒适地生活，
我们一起来做一下试试看吧！

想把房间收拾干净

哎呦，该怎么办才好？

怎么了？

啊，真子！你来得正好。

你有没有把自己的房间弄得很干净？

房间？我自己有在打扫。

最近我发现一不留神房间就多了好多东西！

昨天，爸爸看到我的房间后生气地说："直到你整理整顿

好为止，不然不给你买任何新东西！"

啊，那么严重啊。

对呀。我还有很多想要的书，而且爸爸说我自己也不能

买新游戏！

要"整理整顿"，可是那是什么意思？

那应该是，呃，收拾的意思吧？

雷伊，真子，你们在说"整理整顿"的话题？

老师好！太好了，正好可以问问仁老师。

老师，"整理整顿"到底是什么意思？

好像听过几次，也用过这词。

太棒了！

尝试认真思考一下单词的意思，是很重要的哦。

整理，就是把需要的东西和不需要的东西分开，然后扔掉不需要的东西。

整顿，就是把需要的东西，按制定好的规则排列起来，以方便自己的使用。

"整理整顿"，就是"整理"和"整顿"两个单词的组合哦。

为了不让房间里的东西越来越多，变得乱七八糟，有必要扔掉不需要的东西，这就是"整理"吧。

排列方法不好的话，东西就不好拿出来使用，所以"整顿"也很关键哦。

为什么不收拾呢?

"整理整顿",就是扔掉不需要的东西,然后把需要的东西,按制定好的规则排列起来,以方便自己的使用。

以前我只知道大概是收拾的意思,今天能够彻底弄明白,感觉好开心。

是吧。

感觉怎么样?

"整理整顿",是不是没什么特别的呢?

嗯,感觉就是非常普通的事情。

不需要的东西不扔掉的话,东西确实就越来越多。

按制定好的规则排列,也是理所当然的呢。

我确实经常被妈妈说"东西用完了的话,就好好地放回原来的地方"。

虽然明白这个道理,就是怎么都做不到。

如果每天都收拾的话,也不会这么辛苦吧。

积累多了,就变得麻烦啦。

好像有很多原因导致不能整理整顿。

我们一起来思考一下吧!

因为东西越来越多

有别人送的东西，也有自己买的东西，每天好像都在增加，所以就没收拾。即使有很多笔记本和文具，但是看到可爱的文具还是会忍不住买。

因为舍不得扔掉

扔东西，好难啊。
在妈妈看来都是些没用的东西，但对我来说很多都很重要。
每个东西都有特别的原因而舍不得扔掉。

减少东西的窍门会在本书第2章详细说明哦。

因为没有决定好划分方法和排列方法

什么东西放到哪里、按什么顺序排列……如果没有这些规则的话，取出新东西或者取出后放回的时候，就会不知道该怎么办吧。

随便放进去的话，下次用的时候可能不能马上找到。

比如说，知道书在书柜里，但是这本书在书柜的哪儿可能就不知道。

所以说有必要制定规则，以便可以立马找到。

因为用完之后没有放回原处

不遵守规则的话，就会变得乱七八糟。用完之后，要放回原处哦。

因为没有马上做，都推迟到了以后

说出来谁都知道，每次都马上收拾的话，一件一件也不是什么困难的事情。
但就是做不到而堆积在一起，才变得不好做了。

对呀。总是不知不觉会想以后再做，然后就放到桌子上，东西逐渐就变得很多了。
衣服也是一样，脱了之后一直放着的话，后面就不好收拾了。

能够养成一点点收拾的好习惯，也就不会那么难了！

"整理整顿"该怎么做？

试着想了想为什么不收拾的理由，好像明白了怎样做就能收拾。

如果是东西逐渐增多导致不能收拾的话，可以注意一下不让东西增加。

虽说舍不得扔掉，但总是那样的话，也没什么改变，还是整理一下再扔掉吧。

那么，如果是没有分类方法或者排列方法，或者是不能遵守规则而导致无法收拾的话，该怎么办呢？

制定好规则，认真遵守！

别拖到后面，马上做的意识也很关键！

你们都说得很对。

仁老师，"整理整顿"里面有很多东西呢。

从哪儿开始做好呢？我好想快点把房间整理整顿好，然后让爸爸同意我买新游戏。

整理整顿要按顺序来哦。我们来按步骤说明一下，怎么做才能做好。

❶ 决定整理整顿的目标

先来决定一下整理整顿的目标吧：到什么时候、在哪里、做多少。

一下子要收拾家里所有的房间是很困难的。

所以说可以先决定收拾哪里，比如说自己的房间，或者在自己的房间中今天收拾书柜，明天收拾桌子等等。

❷ 扔掉不需要的东西

先从整理整顿中的"整理"开始。需要的东西和不需要的东西混在一起的话，
收拾起来会很困难！所以首先要减少不需要的东西。
不下决心做的话，东西是不会轻易减少的，我要努力试一试！

说得很对！
加油哦。

❸ 决定分类和排列的规则

扔掉不需要的东西后，剩下的就都是需要的了。
怎么分类，按什么顺序排列才好，都需要制定规则。

分类方法、排列方法也有各种各样的，本书第3章会进行说明哦。

❹ 遵照规则放东西

决定好规则之后，按照规则把东西分类，然后放进规划好的地方。
这样子"整顿"就完成了！

❺ 遵照规则使用东西

"整理整顿"成功之后，必须遵照规则才能一直保持。
最基本的就是，东西取出来之后要放回原处哦。

❻ 定期检查

为了规则能被好好地遵守，有必要偶尔修改一下规则哦。
最好能定期检查一下。

使用的时候，也可能会想改变一下规则。这时候是可以修改规则的。

制定好目标，快乐地做吧

整理整顿的做法，我大概知道了呢。

好想快点试试！

我也想试试。

每次找想穿的衣服都会花很多时间。

如果能把衣柜和收纳箱整理整顿好的话，我会好开心！

你们俩都把"收拾到什么时候""收拾哪儿""收拾多少"

的目标决定好之后做一下试试看吧。

能够成功整理整顿的话，会有很多好处的哦。

很多好处？

对呀。

难道除了房间变干净之外，没有别的什么了吗？

我觉得还有能马上找到想要的东西。

不会再有东西虽然在房间里，但是找不到的事情了！

说得很对。

整理整顿不仅可以让房间看起来干净，还可以让东西变

得好用，让人很开心。

怎样进行整理整顿，可以使用"整理整顿作战笔记"。这

还可以成为自由研究哦。

作战笔记？

感觉好棒啊！

整理整顿成功的话
房间看起来会很干净
需要的东西也能马上找到
也有不再去买不必要的东西的效果。

总是很干净的话，就不忍心弄脏，所以就会一点一点去收拾哦。

因为知道哪里有什么，可以很快找到需要的东西。不会再有"咦？东西去哪儿了？"找来找去的事情了！

东西变多的话，收拾起来就会很困难。而如果收拾好的话，就不会再去买不需要的东西啦！

进行**整理整顿**的话，会自然地锻炼

判断能力：这个需要，还是不需要？

决断能力：把这个扔掉吧

考虑事情的逻辑能力：这样分类排列的话应该会好用

能够按正确的方法来进行整理整顿的话，还会有锻炼大脑的效果哦。想到能让东西好用的规则，是非常消耗脑力的事情。有很多规则都可以想得到，大家多动动脑，努力想一想吧。

我会变得聪明吗？努力动脑想规则，好像很好玩！

我会教你们很多努力的方法哦！

决定目标吧——雷伊的情况

我要整理桌子和书柜!

整理整顿作战笔记

作战施行日
20XX 年 4 月 10 日

姓名
雷伊

1 决定整理整顿的目标

收拾到什么时候

到下周日为止

收拾哪儿

桌子和书柜

收拾多少

把桌子上和桌子周围堆积成山的东西收拾干净，
把书柜里叠放在书上面的书收拾干净，
能变得可以很快取出想要的东西。

这就是"整理整顿作战笔记"哦。想用的人可以打印出来后直接用笔在上面写，或者用电脑记录也可以哦。

决定目标吧——真子的情况

我要收拾衣柜和收纳箱。

整理整顿作战笔记

作战施行日
20XX 年 4 月 10 日

姓名
马可

① 决定整理整顿的目标

收拾到什么时候

到下周日为止

收拾哪儿

衣柜和收纳箱

收拾多少

把收纳箱里装不下的东西清理干净，
变得可以马上取出想要的东西。

"整理整顿作战笔记"
有蓝色和粉红色的哦，
挑自己喜欢的用吧。

做一下试试看吧！

决定整理整顿的目标

你要不要和雷伊、真子一起来试一试整理整顿？
决定一下整理整顿"收拾到什么时候""收拾哪儿""收拾
多少"吧。

收拾到什么时候

收拾哪儿

收拾多少

参　考　利用"整理整顿作战笔记"，可以拍照贴在上面，
把笔记写在上面，变成自由研究哦。
详细信息在第 120 页，想用的小朋友可以让家人
下载下来哦。

致各位指导者以及监护人
第 1 章 总结

总结 整理整顿，就是把需要的东西和不需要的东西分开，然后扔掉不需要的东西，再把需要的东西按照决定好的规则排列起来以方便使用。

整理整顿的步骤
① 决定整理整顿的目标
② 扔掉不需要的东西
③（对需要的东西）制定分类和排列的规则
④ 按照规则摆放东西
⑤ 遵照规则使用东西
⑥ 定期检查

指导要点

　　第 1 章的指导，是为了让小朋友知道整理整顿是什么，用什么步骤进行比较好，让他们有种想做一下试试看的心情。

　　"整理整顿"，汉字虽然很难，但是作为常听到的话，小学低年级的孩子们大概也不陌生吧。简单地说，就是收拾的意思。比如说玩好的玩具要自己放回决定好的地方之类的规则，在小学之前的家庭教育、保育院或者幼儿园，都被作为教育的一种教过吧。

　　不擅长收拾的孩子，由于在平时的生活里经常被要求注意，所以一听到"整理整顿""收拾东西"就可能会觉得"哎呀，又来了"。对孩子而言，整顿整理会是经常被说，但怎么都会觉得麻烦的事，又或者总是按自己的方式敷衍了事，所以应该让他们尝试重新思考"整理整顿到底是什么"，从而去理解它，让他们有一种至少"想做一下试试看"的心情，这样就可以快乐地学习第 2 章以后的东西了。

　　特别是遇到日常生活中孩子就不擅长收拾的情况，指导者和监护者们应当一起阅读第 1 章，然后好好地和孩子沟通。至于不会收拾的原因，请参考第 5-7 页来让他们自主思考，让他们觉得把房间的什么地方怎样收拾干净才会觉得开心，帮助他们设定目标。

　　本来整理整顿也会让成年人觉得麻烦，所以不要去责怪孩子们的笨拙，勉强他们去做，重点是让孩子们自身觉得开心并且积极参与其中。就像这本书的"整理整顿作战"这句话一样，形成一种快乐的气氛，让兄弟姐妹或者好友们一起参与到"谁的整理整顿更厉害"的竞争中，以游戏的感觉来推进，这将是很有效果的。

扔掉不需要的东西

整理整顿，就是从减少东西开始哦。
扔掉不需要的东西。
还能用的东西，可以再利用一下，
也可以用别的办法保存起来。

什么是不需要的东西?

噢耶!

整理整顿作战开始!

决定目标之后,最好把现在的状况——整理整顿之前的照片贴到"整理整顿作战笔记本"上。

这样前后发生多少变化,就可以记录下来了。

啊?

这样会有点不好意思哦。

别想太多啦!

把房间收拾到干净得让人吃惊就好啦!

来,开始整理整顿的"整理"吧。

把需要的东西和不需要的东西分开,然后扔掉不需要的东西,对吧。

不知道行不行。

虽然被妈妈说"赶紧扔掉",但对我来说都是很重要的东西。

这样子哦。

那在开始整理之前,先来说说你们是怎么想的。

什么是不需要的东西?

不需要的东西就是，

用完的东西，
不能再用的东西，
多余的东西等等。

用完的东西，是指比如读完的杂志、上个月出门远足看的小册子、玩了几次就不再玩的游戏等等，当时觉得很重要，但现在已经不需要的东西。

不能再用的东西，是指比如像坏了之后不能修理的玩具、尺寸不合适的衣服、过了有效期的打折券等等。

多余的东西，是指比如多得用不完的笔记用具等。

要减少东西，基本就是扔掉不需要的东西。

也就是不浪费东西，不糟蹋东西，想一想能不能再利用之后再决定是否扔掉。

扔的时候，要注意居住地不一样，垃圾分类方法也不一样。

不需要的东西不扔掉的话，东西就会一直增多。
认真分类一下需要的东西和不需要的东西，再开始整理吧。

坏了之后不能修理的玩具，虽然不能送给别人，但是有快乐的回忆，所以感谢之后再扔掉吧。谢谢，拜拜！

虽然说居住地不一样，垃圾的分类方法也不一样，但是尽量按照瓶、钢罐、铝罐、塑料瓶、牛奶盒之类的纸盒、纸质容器、塑料容器分类，把可以回收再利用的东西分开后再扔掉。

参考下面的标志吧。

塑料瓶　　　　纸质容器　　　　塑料容器

钢罐　　　　铝罐

"粗大垃圾"（大型垃圾）、电视之类的"家电"，不能随便扔掉，一定要和家人商量一下哦。"粗大垃圾"可以让自治体★、"家电"可以让购买的店面或者厂商（生产产品的公司）进行回收。像手机之类的"小型家电"也可以回收，所以别扔到垃圾箱哦。

★自治体，是指在市区町村等居住地域的政府机关。

整理整顿之前——雷伊的情况

我把整理整顿之前的照片拍下来贴到了"整理整顿作战笔记"上啦。嗯，加油！

作战之前的状态

桌子和桌子周边	书柜

整理整顿之前——真子的情况

作战之前是这种状态，真是
不好意思。
不知道能不能整理整顿到让
东西变得好用的程度。

作战之前的状态

一眼看起来
挺整洁

打开抽屉之后

- 抽屉里放不下，放
到收纳箱上面的衣
服

- 袜子放得乱七八糟

- 每个抽屉都装得很
满，不好打开

- 抽屉里面的东西不
好拿出来

为什么不能扔掉？

可以扔掉的东西是已经用完的东西、坏掉的东西、多余的东西、不能再利用的东西。

这些我都知道。

就是怎么都做不到。

是的。

要判断为"不需要的东西"，比预想的要困难。

决定"扔掉"的时候，还是需要勇气的。

不知道为什么不能扔掉的话，可以想一想原因。

雷伊，你有什么原因？

捡来的石头、漂亮的瓶子等等，别人看起来可能是垃圾，但对我来说很重要，所以舍不得扔掉。

因为喜欢才收集的东西，这是个人爱好，所以舍不得扔掉也没办法。

但是需要利用"整顿"来让它变得让人觉得不是垃圾。

真子，你还有其他的原因吗？

有的衣服我会觉得虽然现在不穿，但说不定什么时候就想穿，所以舍不得扔掉。

另外，以前喜欢的衣服、或者有美好回忆的衣服，我就想保存起来。

觉得 可能什么时候会用得到， 或者

（东西） 充满回忆 的时候，即使不用，也不容
易丢掉。

"什么时候" 真的会来吗？

"回忆" 能否用别的方法保留下来？

我们有必要试着想一想。

一年都没用的东西，基本上就不会再用了。
经历了春夏秋冬的变化后仍然没用过的东
西，以后大概也不会使用了。

想一想确实是，一直觉得什么时候会用到
然后保存下来的东西，实际上大多数都没
怎么用。

自己喜欢的、有回忆的衣服被
一直放到衣柜或收纳箱的里
面，想一想也觉得很可怜的吧。

进行再利用

虽然想着什么时候会再用，结果并没有用到呢。

是呀。

有的东西自己虽然不需要了但还可以继续使用，扔掉就觉得很可惜。

说得对。

所以要考虑一下再利用。

不光是塑料瓶或空罐子之类的再循环利用，也可以送给或者卖给别的有需要的人，有很多方法哦。

我以前和妈妈一起在跳蚤市场上开过店，非常开心。

我也有过和爸爸一起把读完或者不需要的书卖给二手书店的经历。

是吧。

这样就可以不用浪费掉还能继续使用的东西，而且还可以帮助到别人。

我介绍了好几个再利用的方法，但是很多只靠小朋友还做不到，所以一定要和家里的人商量一下再做哦。

送给小伙伴
和小伙伴交换

自己玩完的游戏、读完的书，可能别的小伙伴还想要。
这时候就可以互相交换一下自己不想要的东西。

送人、和别人换之前，先和家里人商量一下哦。

卖给二手商店

二手书店、二手服装店、二手电脑和家电商店等等，有很多这种按商品种类来划分的专卖二手品的商店。
这种店就是从想卖不需要东西的人手里买到东西后再卖给需要的人。虽然是二手货，但是还很新的东西、漂亮的东西、有人气的东西，他们都会买哦。去卖的时候，要和家里人一起去哦。

在跳蚤市场或者网店上卖掉

跳蚤市场一般是指休息日的时候，在公园或者广场开办的市场。想开店的人，事先申请一下就能借到地方哦。可以把不用的东西、多余的东西等自己想卖的东西准备好，到时候排列起来就行。

在网上搜一下吧。你家附近的街道可能就有哦。

网店是指存在于因特网上的、可以买卖东西的网站。想卖东西的人把东西的信息或者照片放到主页上，然后"上架"，想要的人就会"竞拍"——就是"出多少钱买"的意思，出价最高的人就会买到哦。因为有年龄限制，所以试着和家人商量一下，让他们帮忙操作。

捐赠

学校的图书馆、街道市区的图书馆等等很多地方都可以接受书本的捐赠哦。衣服也是，如果还是新品或者很干净的话，也有很多团体组织接受捐赠，然后送到受灾地或者穷困国家。试着在网上搜索一下吧！

"参考：东京大学基金 旧书募款"

东京大学接受不需要的书本的捐赠。

把书送到与东京大学合作的旧书店的话，收购资金会捐赠给东京大学，用于教育研究。

大概捐赠了多少钱，（东京大学）事后会通知送书的人。

有兴趣的小朋友，看看下面的主页吧。

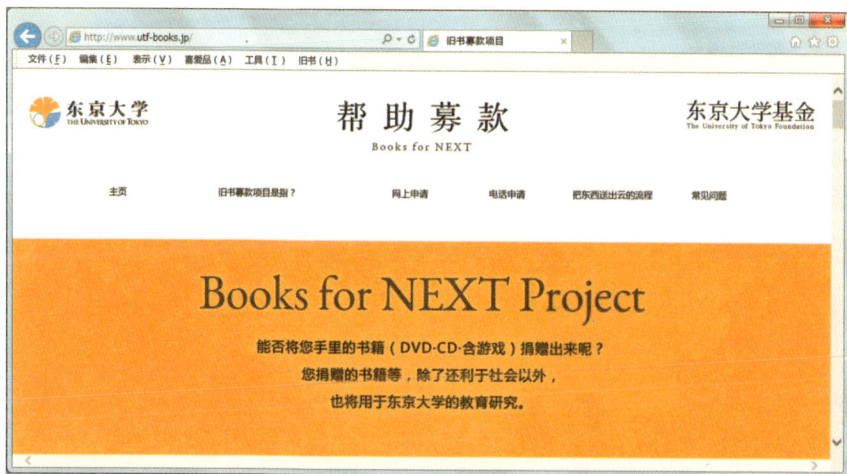

变换保存方法

虽然知道自己不会再使用，但如果是自己喜欢的东西，或者有美好回忆的东西，就不舍得扔掉。

这该怎么办？

真的有重要的回忆的话，保存下来比较好。

而且，还有一种办法就是变化保存方法。

保存方法？

比如说，如果想留下回忆，可以不用保存实物，而用拍照保存的方法。

照片保存到电脑或者手机里的话，就不占地方了。

话说，妈妈就经常把想保存的资料用扫描仪扫描成图片，然后保存到电脑里。

对吧。

大人们工作的时候也用这种方法来减少纸质资料哦。

扫描后保存到电脑的话，把纸扔掉后也可以想看就看。

我家也把冬天才用的滑雪板寄存到仓库里哦。

把东西放到储存室、仓库等处，或者别的地方的话，房间就有更多的地方可供使用哦。

想要减少东西的话,可以运用下面的方法来收拾房间:

变化保存方法，拍下照片，
只把回忆留下，用扫描仪扫描，
放到储存室或者仓库之类的别的地方。

说起来，有很多点心盒子很漂亮，我就舍不得扔掉，而且一直保存着。还是下定决心拍下照片后扔掉吧。

好多点心盒子！

拍下照片，只把回忆留下

把照片放到相框里，屋子也变得整洁了哦！

用**数码相机**或者**手机**拍下照片的话，不用打印出来也可以**保存数据**。只要在电脑里面整理一下，就可以保存很多数据哦。

把照片保存到电脑

001.JPG	002.JPG	003.JPG
004.JPG	005.JPG	006.JPG

点心盒子

整理 ▾　预览 ▾　共有 ▾

用**电脑保存**的话，看起来就是这样子的呢。而且**手机**拍的照片也可以保存，要不要试一试呢？

我房间地上堆积的杂志和资料，只要把必要的页面放到口袋文件夹里，或者用扫描仪扫描下来，就可以全部扔掉哦！

堆积如山的杂志和资料

把必要的资料用扫描仪扫描下来保存到电脑里

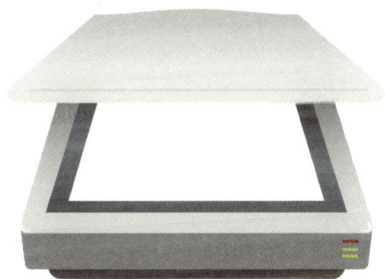

把必要的页面放到口袋文件夹里

口袋文件夹是指有很多透明口袋的文件夹哦。

制作"杂物箱"

不需要的东西，可以进行再利用而不用扔掉；而需要的东西，则可以变换保存方法，比如拿到房间以外的地方保存等等，有很多整理方法。

先判断是需要还是不需要。

不需要的东西，可以进行再利用，或者扔掉……

不过感觉也有可能犹豫不决。

这时候该怎么办呢？

嗯，确实有时会那样。

怎么都不知道该怎么办的话，先放进"杂物箱"吧，过一段时间再去思考怎么处理。

"杂物箱"？

就是暂时放东西的地方哦。

不管是箱子，还是抽屉，什么都可以。

东西要不要，怎么都不能决定的时候就先放进去，第二天或者一周以后，再进行考虑。

不知道怎么办的话，就会一直苦思冥想，这样就浪费了时间，这时候就可以先暂停思考的呀。

需要，还是不需要？

扔掉，还是再利用？等等。

为了犹豫不决的时候，

准备一个 "杂物箱"。

先在时间上缓一缓，以后再去思考。

一想到有 "杂物箱"，就觉得轻松了一些。当然，"杂物箱" 里放太多东西的话，整理也无法进行，所以必须只在犹豫不决的情况下使用哦。

过段时间再看的话，没准儿立马就可以判断下来哦。

好，开始整理吧

把需要的东西和不需要的东西分开，扔掉不需要的东西。

这种思考方法，你们懂了吗？

嗯哪。

另外，我想一边实际操作一边思考，也肯定会有点不知所措……

好嘞！

要加油把桌子上面和下面的一堆东西清理干净，变得神清气爽。

对，东西少了以后，之后的"整顿"就变得容易了，所以尽量处理掉吧。

雷伊，我担心你会把需要的东西弄错扔掉哦。

真子，你说得好过分哦。

不过确实不注意的话，很可能会扔错。

整理的时候，会暂时把各种东西取出来铺开，这时候要注意，别不小心踩到，或者被绊倒而受伤哦。

辨别需要的东西和不需要的东西的窍门!

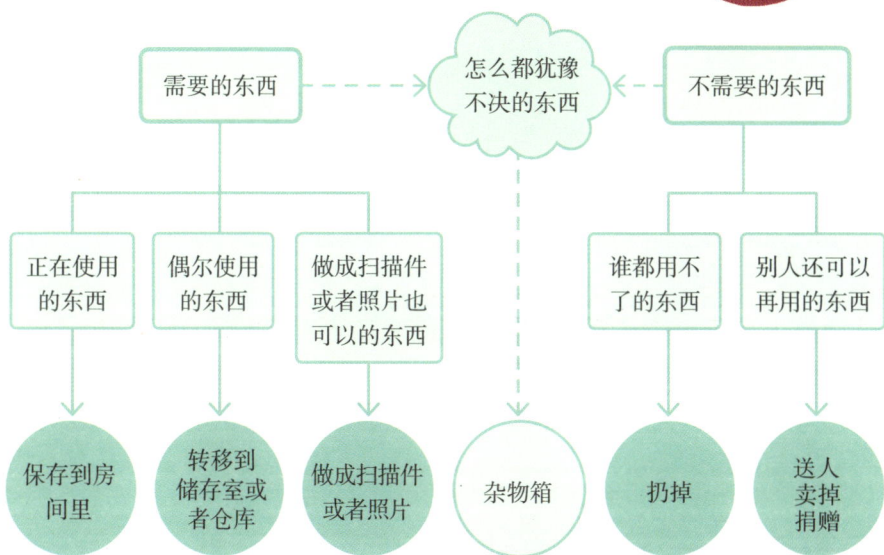

需要的东西 ----→ 怎么都犹豫不决的东西 ←---- 不需要的东西

- 正在使用的东西
- 偶尔使用的东西
- 做成扫描件或者照片也可以的东西

- 谁都用不了的东西
- 别人还可以再用的东西

- 保存到房间里
- 转移到储存室或者仓库
- 做成扫描件或者照片
- 杂物箱
- 扔掉
- 送人卖掉捐赠

比如说什么样的东西?

正在使用的东西
课本、没读完的书、喜欢的书、还在玩的游戏、经常穿的衣服

偶尔使用的东西
滑雪板、滑雪用品、游泳圈、扑虫网、虫箱、手提箱

做成扫描件或者照片也可以的东西
想保存下来的资料、只想留下回忆的东西

谁都用不了的东西
垃圾、污渍洗不掉的衣服、破衣服、坏了不能修的玩具

别人还可以再用的东西
不穿的衣服（干净的）、读完的书、玩完的游戏

开始整理吧——雷伊的情况

把需要的东西和不需要的东西分开

剪掉必要页面后的杂志

放回书柜的书

必要的打印资料

不能写的笔记用品

能写的笔记用品

垃圾

杂志只留下必要的页面

只是留下必要页面的话，能减少不少东西哦。

把送人、卖的书和留用的书分开

送人、卖的书

留下来的书

笔记用品要确认一下可不可用

只留下能用的笔，就会变得很清爽哦。

开始整理吧——真子的情况

把需要的东西和不需要的东西分开

需要的东西

不需要的东西

分开送人的东西和卖的东西

扔掉的东西

送人的东西

不要扔掉干净的衣服哦！

像纯棉的 T 恤等要扔掉的衣服，可以适当剪裁后做成抹布，用来打扫哦。遇到顽固污渍的时候，可以擦完一次就扔掉。

要扔掉的 T 恤，用来做抹布吧！

觉得扔掉可惜的时候，也可以想想很多别的用法哦！

扔掉 / 再利用——雷伊的情况

② 扔掉不需要的东西 ○

扔掉的东西

下功夫的事情

旧资料或杂志

垃圾

- 对于杂志，只把里面必要的页面剪下来，别的都扔掉。

  →地上和桌子上堆积如山的杂志没有了，心情愉悦。

- 垃圾分类后扔掉。

② 扔掉不需要的东西 ○

再利用的东西

下功夫的事情

不需要的书

- 不要的书，一部分送给朋友，剩下的都卖给附近的旧书店。

扔掉 / 再利用——真子的情况

② 扔掉不需要的东西

扔掉的东西

起毛球，或者有污渍的衣服

没弹性的袜子

下功夫的事情

● 把要扔掉的T恤剪成小块做成抹布。

② 扔掉不需要的东西

再利用的东西

下功夫的事情

● 我把太小穿不了的衣服，或者没有污渍、很干净的衣服送给了表妹。

整理的时候穿上不怕脏的衣服，
准备好垃圾袋和打扫用具，
一口气做完。

整理的时候，可能会变得乱七八糟，脚都放不下，但别计较，加油整理吧！

必要的打扫用具

- 垃圾袋
- 抹布
- 手套
- 胶带（封闭装垃圾的箱子的时候用）
- 绳子（系垃圾袋用）

慢悠悠地整理的话，到了晚上也收拾不完，可能连睡觉的地方都没有了哦！
必须一口气做完。

做一下试试看吧！

扔掉不需要的东西

你也像真子和雷伊一样，扔掉不需要的东西吧。

准备的东西：

垃圾袋、用来捆要扔的书和杂志的绳子、抹布等等
打扫用具、围裙或者手套等等、不怕脏的衣服。

扔掉不需要的东西：

注意以下几点，把需要的东西和不需要的东西分开，开始减少东西吧！

1. 垃圾、坏了修不好的东西、脏了不能用的东西、用完的东西，用垃圾袋等分类后扔掉。
2. 自己虽然已经不用了，但可以送人、卖掉，再利用的东西可以先放起来。
3. 可以扫描或者拍照后扔掉的东西，有时间的话当场弄完就可以扔掉，时间不够的话，可以先放起来，等全部整理整顿结束之后再收拾。
4. 想转移到储存室或仓库的东西，先放到别处，将来和家里人商量后再行动。
5. 拍下能看出扔掉的垃圾的量的照片，贴到"整理整顿作战笔记"上。
6. 被归类为再利用、扫描或拍照保存、放到仓库或储存室等等物品，为了知道这些先放到别处的东西都有什么，可以拍下照片贴到"整理整顿作战笔记"上。

致各位指导者以及监护人
第2章 总结

总结
把需要的东西和不需要的东西分开，然后扔掉不需要的东西。
自己虽然用不着了，但别人可以用的东西进行再利用。
需要/不需要的东西无法判断的时候，先放进"杂物箱"，让大脑冷静一下后再决定。

"不需要的东西" 已经不用的东西、不能再用的东西、多余的东西
"再利用方法" 作为资源垃圾扔掉、送给别人、卖掉、捐赠
"别的保存方法" 拍照、扫描后扔掉实物

指导要点
第2章主要是学习了整理整顿的第一步"扔掉不需要的东西"，尽量努力指导孩子们自主地去判断需要还是不需要、去思考可不可以再利用，而不只是扔掉，可通过变换保存方法来减少东西等等。

处理不需要的东西，经常比想象的要难，想必成年人大概也有过经历。就像这本书中说的一样，"可能什么时候能用着""充满回忆而舍不得扔掉"等等，一旦犹豫了就无法进行判断。经常就有为了进行整理整顿而取出来的东西，却在一个又一个发呆犹豫的瞬间浪费了时间，结果不能完成收拾。所以要指导孩子在犹豫的时候去想想最基本的问题——"真的会用到吗？""只是回忆的话，会不会有别的保存方法？"

另外，要注意孩子什么都随便扔掉的情况。好好关注孩子的状况，看看他们有没有扔掉自己虽然不要但还可以用的东西。尽量指导孩子去学习各种再利用的方法，让他们想想自己打算扔掉的东西是否还可以再利用，从而让他们自然地形成一种"随便扔掉好浪费啊"的意识。

本书中对再利用的方法举出了"送人/交换""卖掉""捐赠"的例子，但每种方法都需要教育者和监护人的支持。在大人们看不到的地方，孩子们若进行高价的物品交换的话就有可能引起麻烦。一般是孩子们之间进行普通的玩具、漫画、书等的借换，但若是看到孩子拿着不常见的玩具的时候，就要开口问问，关心一下他们的状况。

在二手店、网店等卖东西，去跳蚤市场开店，这些体验都有机会让孩子学习体会到挣钱的感觉，光靠孩子自己是无法办到的，大人必须一起参加。重要的是让孩子们觉得再利用也是"好开心"的感觉。

决定规则吧

怎么做，
既可以让东西看起来整洁，
又能马上拿出来用呢？
这就是要动脑子的地方！
考虑一下分类方法和排列方法吧。

考虑分类方法

结束整理后，东西少了好多哦。

也不知道是什么时候多了这么多不需要的东西。

我也是。

很多觉得可能什么时候再穿而存下来的衣服，或者比较漂亮的衣服，都送给表妹了。

你们俩都做得很好。

不需要的东西全部丢掉以后，整理整顿就完成一半了。

房间里很多东西都还是拿出来的样子，没有感觉到结束一半了。

没关系！

从现在开始，制定规则后开始收拾。

下一步就是"分类"，就是"分开整理"的意思哦。

怎么分类才会好用，一起想一想吧。

我给你们介绍几种推荐的方法，但是适合自己的才最好，你们自己决定吧。

东西不一样，好用的分类方法也不一样吗？

是的。

我们用具体例子来解释一下吧。

学校或者补习班发的**打印资料，**

从别人那里收到或者自己收集的**资料，**

按照**内容、年月**等分类。

根据**内容**来分类的方法有很多哦。

比如说，学校、补习班、游泳学校等，**按照来源进行分类**；

学校里面也有测试结果或者授课相关的东西，俱乐部活动的东西，郊游、运动会、文化节等活动相关的东西等等，可以按照这样更加具体的方式来分类。

至于怎么分类，还是要想一想"**以后自己会按照什么样的方法来寻找？**"，然后用容易寻找的**方式来分类**。

"去年的运动会是……""四月份的补习班的测试结果是……"等，如果以后有很多这样**按时期来寻找的东西的话**，也可以**用按照年或月来分类**的方法哦。

若是进行**书的分类**，可以按照**种类、内容、书的大小**等来分类，以方便使用。

> 我这边还是**以种类来分**类比较好用。单行本、文库本、漫画等大小也不一样。有的书像图鉴一样大哦。

文库本　图鉴　漫画　单行本，漫画

★**单行本**是指不是文库本或杂志，普通的书的意思。
文库本是指在单行本卖完的时候，为了让更多的人能方便阅读，把尺寸缩小便宜卖的书。

同样的单行本，有像学习参考书一样为了学习而用的书，也有自己出于兴趣爱好而珍藏的书、小说、童话等，把它们按照内容来分类的话就比较好懂了。

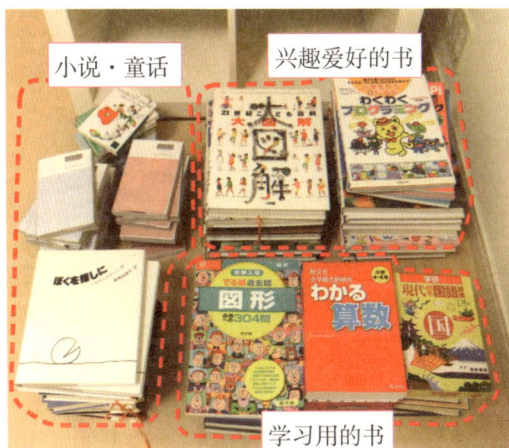

小说·童话
兴趣爱好的书
学习用的书

小
大
中

按照大小分类的话就容易放进书柜哦。

文房用具有很多小东西，
可以按经常使用和偶尔使用来分类，
也可以按照写\切\贴\归类等用途来分类，
这样用的时候就很容易找到了。

写

切

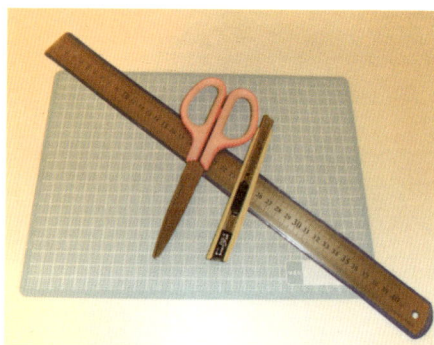

贴

归类

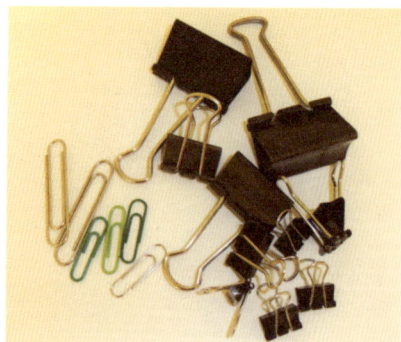

衣服可以按季节、种类、颜色来分类，
也可以按照外用衣服和家用衣服来分类。

按季节分类
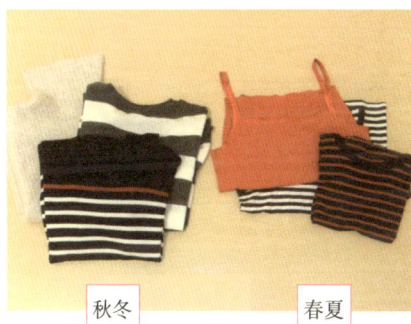
秋冬　　　春夏

按种类分类

短裙　　　短裤

按颜色分类

浅色　　　深色

按穿着场合分类

外用衣服　　　家用衣服

来分类吧——雷伊的情况

我把书先按种类分开之后，再按内容分类。这样子差不多就都分开啦。

③ 决定排列方法和分类方法的规则

书的分类方法

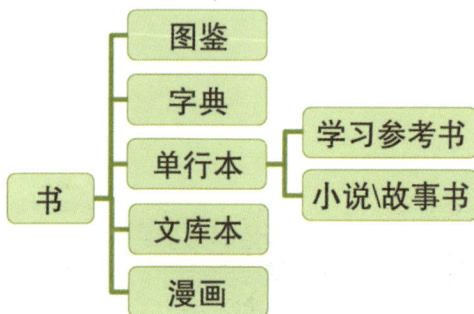

```
        图鉴
        字典
        单行本 ── 学习参考书
书              小说\故事书
        文库本
        漫画
```

分类的规则

- 按种类分开之后再按内容分类。

我先把文房用具分类成经常使用的东西和不经常使用的东西。另外，再根据写\剪\贴\归类等用途继续分类，大概就是这样。具体怎么分类的，如果按下面的图一样说明的话就很好理解哦。也可以贴上分类的照片哦。

3 决定排列方法和分类方法的规则

文房用具的分类方法

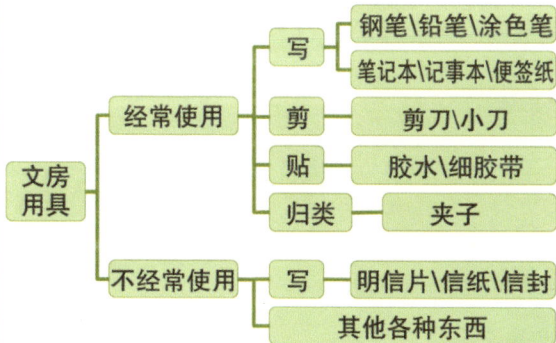

文房用具
- 经常使用
  - 写
    - 钢笔\铅笔\涂色笔
    - 笔记本\记事本\便签纸
  - 剪 — 剪刀\小刀
  - 贴 — 胶水\细胶带
  - 归类 — 夹子
- 不经常使用
  - 写 — 明信片\信纸\信封
  - 其他各种东西

分类方法的规则

● 按照经常使用的和不经常使用的分开之后，再根据用途分开。

来分类吧——真子的情况

衣服果然还是按季节来分类最方便使用了。

或者还可以按照以下种类来分类：大衣、休闲服、训练服、卫衣、薄外套、T恤、裙子、裤子等等。

内裤之类的内衣、袜子因为和季节无关，可以整理在一起放置。

③ 决定排列方法和分类方法的规则

收纳箱的分类方法

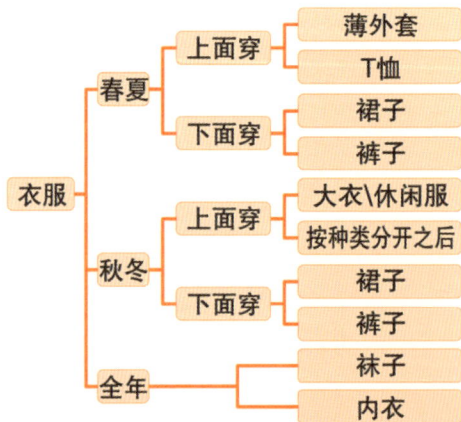

衣服
- 春夏
  - 上面穿
    - 薄外套
    - T恤
  - 下面穿
    - 裙子
    - 裤子
- 秋冬
  - 上面穿
    - 大衣\休闲服
    - 按种类分开之后
  - 下面穿
    - 裙子
    - 裤子
- 全年
  - 袜子
  - 内衣

分类的规则

● 先按季节分，再按上面穿和下面穿来分，最后按种类来分。

● 袜子和内衣是一整年都穿的，所以另外摆放。

决定分类方法吧

小朋友们也像雷伊和真子一样，决定分类方法吧。

自己觉得好用的分类方法，到底是什么呢？

分类方法决定以后，就写在"整理整顿作战笔记"上的"决定分类和排列的规则"那一页吧。像雷伊和真子一样会使用图来说明的小朋友，做一下图试试看吧：什么和什么分开，下面写什么。

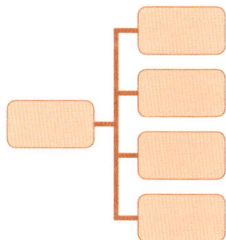

如果还要细分的话，就可以按照下面的分支一样写哦。可以参考一下第 56–58 页的雷伊和真子的图。

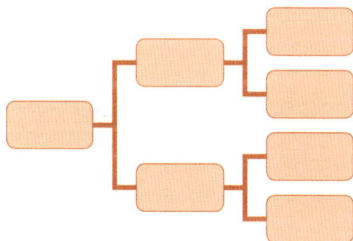

不好意思画图的小朋友，就用文字来写"分类方法的规则"，然后在分类之后把照片贴上去就行哦。

把自己努力的重点写进去就更容易理解哦。

想想排列方法

嘿嘿，基本上分类完成啦。

分类结束以后，剩下的就是放进抽屉和柜子里了。

好嘞。

继续收拾喽。

你们俩别着急！排列方法也很重要哦。

好不容易分类完成了，就再好好动动脑筋，想一想排列方法吧。

排列方法似乎也可以有很多方法呢。

你觉得都有什么样的方法呢?

嗯哪。

比如说有号码的就按号码顺序排列。

嗯嗯。

全套书有10册漫画的话，从一到十按顺序排列起来的话比较好用。

我觉得把喜欢的 T 恤放到抽屉的前面部分的话，想穿的时候就很方便拿出来。

这种应该就是按照喜欢的顺序来排列的吧。

我也有过做数学题的时候，会用到数学的学习参考书。

如果放在附近的话就很方便使用了。

你们想出了很多点子呀。

我们用例子来解释一下排列方法吧。

7777

77

7777777

777777777777777777

考虑**排列方法**的规则的时候，要想到一旦取出来以后，

能够**毫不犹豫地放回去**的规则。**太仔细、太复杂、不容易记住**的规则，**不会坚持太久。**来制定**简单的排列方法**吧。

决定了太仔细的规则以后，即使打算完美地排列出来，一旦取出之后就变得"咦？放回哪儿比较好呢"的话，就不行哦。规则要简单才好。

看到排列的东西就能知道是按什么顺序排列，这样最棒啦。

按号码顺序排列；
按新旧顺序排列；
按年月日顺序排列。

有顺序的东西按序号排列，比如说按序号从第 1 卷到第 10 卷等，这样不仅容易排列，而且放回去的时候也不会弄错。

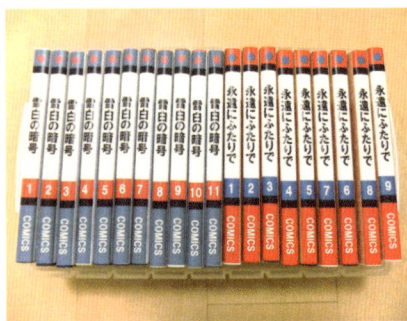

序号和朝向都摆好的话，看起来也很整洁哦。

把内容相似的东西
排列到一起。

比如说学习参考书的话，就**把相同系列的书放到一起**，或者"**英语考试相关书籍**"之类的**内容相似的书**也排列到一起，这样的话不仅看起来舒服，找起来也方便。

这样的话，就能马上找到想要的书哦。

按常用的顺序来排列；
按喜欢程度的顺序来排列。

经常使用的文房用具放到抽屉前部，只偶尔使用的放到抽屉后部，按这样的顺序排列的话，就很好使用。因为抽屉的话，放在前部容易拿出来，置于后部就不好拿出来了。

好想把喜欢的书放到一眼就能看到的地方。

例如放到正中间以便容易看到。

按照颜色\大小（尺寸）\形状等以及外观的美丽程度来排列。

有长短不一的各种衣服呢。

按长度来排列的话，这儿也可以放东西哦。

决定排列的方法——雷伊的情况

3 决定排列方法和分类方法的规则

书的分类方法

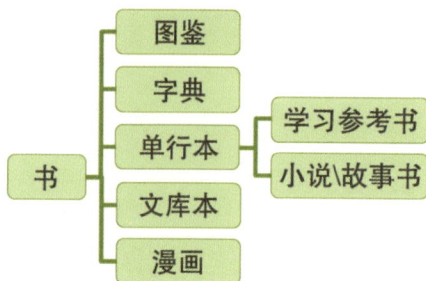

书
- 图鉴
- 字典
- 单行本
  - 学习参考书
  - 小说\故事书
- 文库本
- 漫画

分类的规则

- 按种类分开之后再按内容分类。

排列的规则

- 同系列的书放到一起
- 按号码顺序排列
- 按书的高度排列

参考：排列方法的例子

有号码的书按照号码顺序排列的例子

同系列的书放到一起，再按高度整理好的例子

决定排列的方法——真子的情况

3 决定排列方法和分类方法的规则

收纳箱的分类方法

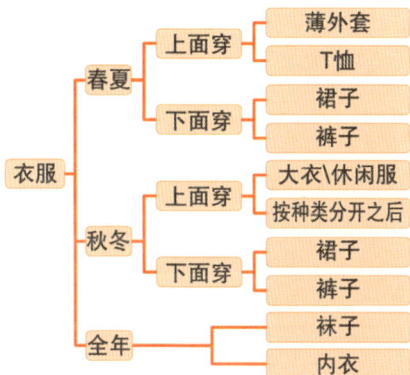

衣服
- 春夏
  - 上面穿
    - 薄外套
    - T恤
  - 下面穿
    - 裙子
    - 裤子
- 秋冬
  - 上面穿
    - 大衣\休闲服 按种类分开之后
  - 下面穿
    - 裙子
    - 裤子
- 全年
  - 袜子
  - 内衣

分类的规则

- 先按季节分，再按上面穿和下面穿来分，最后按种类来分。
- 袜子和内衣是一整年都穿的，所以另外摆放。

排列的规则

- 衣柜里按长度来排列

做一下试试看吧！

决定排列方法吧

小朋友们也像雷伊和真子一样，努力找到好的排列方法吧。

一旦决定了排列方法以后，就在"整理整顿作战笔记"上的"决定分类和排列的规则"这一页里，写下"排列方法的规则"吧。可以参考一下雷伊和真子的哦。

致各位指导者以及监护人
第 3 章　总结

总结　通过扔掉不需要的东西，进行再利用等等，东西就减少了好多。剩下的东西为了可以方便使用，就要考虑分类方法和排列方法的规则。东西一旦取出来之后，可以毫不犹豫地放回去的规则是可以持久坚持的窍门。

"分类方法"　内容、时期（年月日）、目的、使用频度、
　　　　　　　大小、颜色等等
"排列方法"　号码顺序、新旧顺序、内容顺序等等

指导要点

　　第 3 章主要学习了关于分类方法和排列方法的规则的基本思考方法，借鉴雷伊和真子的例子，尽量指导孩子们动脑筋去想——什么才是对自己而言好用的分类方法和排列方法。

　　整理整顿的步骤中间，最重要的应该就是本章学到的"决定分类\排列的规则"。放任孩子自主收拾的话，虽然可以扔掉不需要的东西，但在把需要的东西放进抽屉或书柜的时候，就会不去想以后好不好用而随意摆放，结果经常是没多久就又变得乱七八糟。很多人可能会教导孩子"用完的东西放回原处"，但是"放回的地方"模糊不清的话，孩子也就放不回去。分类方法也好，排列方法也好，都是因为有充足的理由，才会让拿出来的东西，用完之后能被毫不犹豫地放回原来的地方。

　　什么样的分类方法、排列方法比较好用，这个因人而异，因为每个人取东西的偏好就不一样。一般会觉得"经常用的东西可以马上拿出来"令人很开心，但也有像雷伊一样即便不常用也会觉得"想把喜欢的书放到能一眼看到的地方"很开心。本书虽然介绍了常见的思考方法和推荐的思考方法，但也可以不限于这些方法，告诉孩子们可以自由地思考。

　　重要的是让孩子自己思考规则，然后能把它解释给别人听——"按这样的规则分类""按这样的规则排列"。为了强化孩子的逻辑思考能力，孩子一旦决定了规则，试着去问问他们是什么样的规则，为什么这么规定等等。在大人看来，即使现在孩子只决定了一个规则，也别说太多催促的话，毕竟孩子自己决定才最重要。而且即便真是不好用的规则，可以通过从"拿出来后能不能简单地放回去"的角度向孩子提问，从而让他们自己察觉到问题。

遵照规则开始摆放吧

按照决定好的规则
排列起来放进去！
看着房间
逐渐变得整洁，
好开心！

决定放东西的地方

虽然已经分好类并且决定了排列方法，但是哪个抽屉里放什么东西才比较方便使用呢？

是呀。

我也觉得有容易打开的抽屉。

真子，雷伊，你们注意到了很好的问题呢。

容易打开的抽屉，会在哪里呢？

不用伸背或蹲着，一下子就能打开的、高度刚刚好的地方吧。

桌子的抽屉的话，虽说坐在椅子上就能打开，但是最下面有点不好开，相反最上面挺好开的。

是的。

根据位置和高度的不同，抽屉打开的难度也会发生变化的呢。

雷伊，书柜的话会怎么样呢？

相比高的地方和最下边的话，正中间的位置容易取出来。

我的书柜比较低所以还没事，但爸爸的书柜比我身高都高，伸手都够不到高的地方。

对吧？

放东西的地方是很关键的。

怎么做才能方便使用呢？

考虑一下吧。

在开始放东西之前，看看**放的地方**和**放的东西**，想一想**在哪里放什么东西**。

把经常用的东西放到容易拿出来的地方。

因为最上面的容易打开，所以把每天使用的内衣和袜子、室内穿的衣服放进去吧。

真子的收纳箱

容易打开

袜子、内衣	室内穿的衣服
T恤 长袖衬衣	卫衣
裤子	休闲服

不容易打开
（需要坐下来
或蹲下来）

为了**安全，重东西尽量不要放到高的地方**吧。

像图鉴这种**又大又重**的书，放到**书柜的最下面**比较好。

又大又重的书

使用高书柜的小朋友们，如果把重书放到书柜上部的话，发生地震等的话，砸落下来会很危险哦！把它们放到书柜下部的地方吧。

为了**安全**起见，把**容易坏的东西**
放到盒子里面或者固定起来。

多下功夫让它们不容易倒下吧。

容易坏的东西掉下来的话会很危险，所以尽量不要放到太高的地方或者容易掉下来的地方比较好。

玻璃之类的易碎品容易发生危险，要注意它们周围有没有会倒下来的东西。

桌子上的笔盒之类的放置品的话，推荐用塑料制的。这样掉落之后也不会摔碎。

准备放置东西的用具

文房用具的话，会有很多小东西呢。

这样的话，即使整齐地放进抽屉也会很快变得乱七八糟。

我也是经常在袜子和内衣的抽屉里翻来翻去，寻找想穿

的衣袜，结果抽屉里面经常一只袜子行踪不明。

啊！

这种情况我也有过。

小东西的话，用收纳盒和分隔架就可以的哦。

去杂货店或者十元店看看的话，有很多这种便利的东西，

去试试看吧。

怎么做才能看起来好看，用起来好用呢。

自己努力想一想也挺有意思的啊。

真的哦。

感觉挺好玩的。

有什么方法吗？

东西不一样，方法也不一样。

我们一起用各种例子来想想看吧。

想把**书**分开的话，可以用**书立**。

为了不让书倒下来，针对书的大小，使用尺寸足够的书立吧。

书柜有空的话就太方便了。

这样分开的话，就可以放下别的小东西哦。

资料和手册，
可以使用文件皮、文件夹、文件盒、文件箱等。

把纸张数少的资料放在一起的时候用文件皮很方便。

也可以避免文件褶皱、淋湿，在想稍微转移一下的时候挺适合使用。

不过，因为一侧是开着的，要注意放置方向，以免文件掉落出来。

另外根据内容把文件皮按颜色分开也很方便哦！

纸张数多的资料，就放到文件夹里吧。

不想给资料打孔的话，也有透明的袋子类型的文件袋、或者Z型文件夹等等。

可以给资料打孔的话，经常会用到扣环文件夹哦。

Z型文件夹

从挤压资料的把手侧面看的话，形状像字母"Z"一样，所以叫Z型，也叫把手文件夹。

使用打孔器的时候，不要看别处（转移注意力）以免受伤哦。

扣环文件夹（2孔）和打孔器

不用对资料打孔，随时都方便取出来的话，就可以用**文件箱**和**文件盒**来分类哦。

这适合有很多资料的人。

文件箱用来**大分类**，里面再用**文件夹**进行**小分类**。

文件箱

文件夹

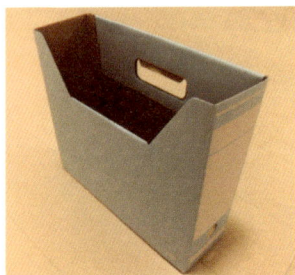

补习班的打印资料经常会只取出需要的页码来使用，这时候如果用文件皮的话会很麻烦！

尽量把它们分类放入**文件夹**吧。

文件夹是两张对开的厚纸哦。

把补习班的资料按文件夹分类的例子

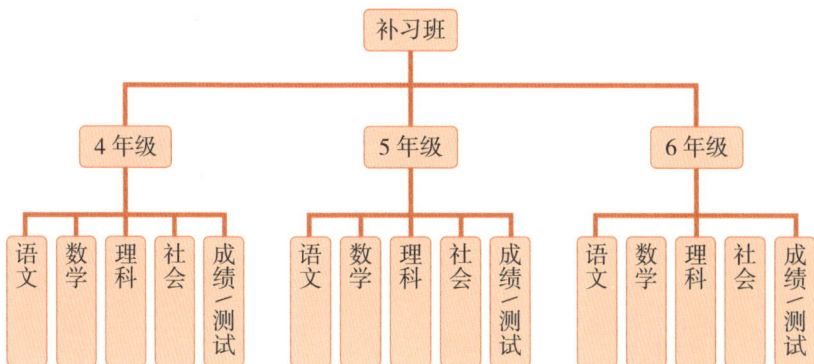

补习班

4 年级　　　　5 年级　　　　6 年级

4 年级：语文　数学　理科　社会　成绩／测试
5 年级：语文　数学　理科　社会　成绩／测试
6 年级：语文　数学　理科　社会　成绩／测试

文件箱

文件夹

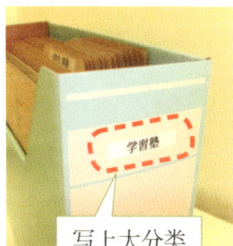

写上大分类
（补习班）

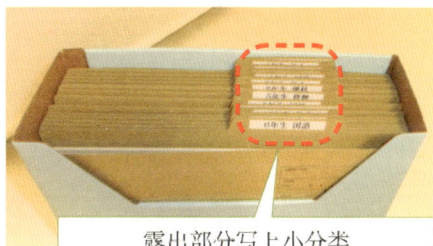

露出部分写上小分类
（"6 年级语文""6 年级数学"等）

在文件箱的正面，写上里面装的是什么的大分类哦。

文件夹的话，在上面的露出部分写上小分类，把资料夹在里面。

取出文件夹的时候，不要抓露出部分，直接拿文件夹中间部分哦。

（抓住露出部分的话）露出部分会变得模糊不清！

经常使用的**笔记用品、剪刀、小刀**等可以立起来的东西，如果立起来放在容器里再**摆到桌子上**的话，就会很方便使用。

放太多的话不好拿哦。

把小东西放到**抽屉里**的话，**用盒子之类的工具将它们分开之后**放进去。

点心盒之类的空盒就可以用来分装哦。

使用隔开工具的例子

一起使用的东西，
放到一起的话会很方便。

比如说用于邮寄的东西全都放到一个抽屉的话，会很方便使用！邮票在哪儿？多少钱？重量多少？各种东西找起来的话会很麻烦。把信纸、信封、邮票、价格表、计重器全都放在一个抽屉的话就会很轻松哦。

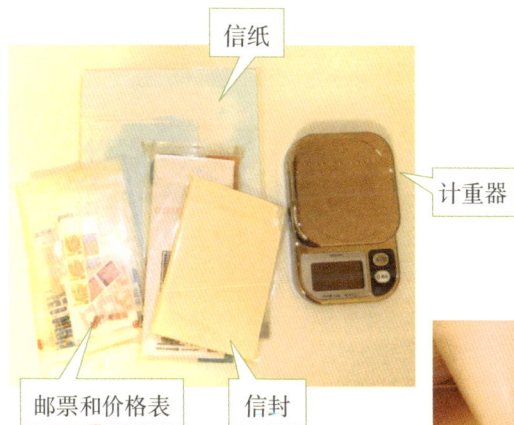

信纸

计重器

邮票和价格表

信封

和邮票一起放在
同一个抽屉里

内衣和袜子之类的**小东西，**
可以**把抽屉隔开后**放进去。
袜子的话，把**左右按双成套地**卷起来放的话，
就不会找不到了。

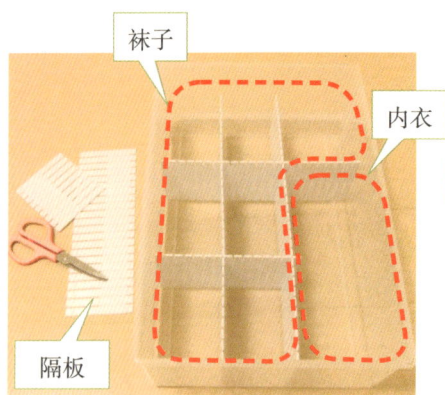

袜子

内衣

隔板

在十元店等地方可以买到把抽屉自由隔开的板子哦。真子把右下边宽的地方放内裤，袜子按颜色分开放入的哦。

这样的话就很方便寻找了吧。

大衣、连衣裙、短裙等，

挂起来不起皱的衣服可以使用**衣架**。

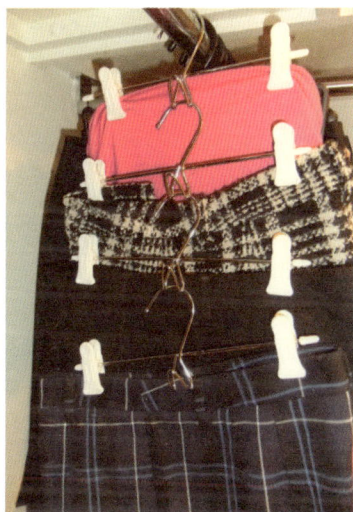

若是裙子或短裤，用衣架挂起来的话，很小的衣柜里面也可以放很多东西哦。

衣柱

只想稍微挂一下的时候，用衣柱比较方便。朋友们来玩的时候，大衣或帽子也可以挂在上面哦。

按决定好的规则放置进去

想把东西放好的话，也要下很多功夫哦。

把抽屉里面隔开的话会很方便使用。

我到现在为止都是随便放的，所以经常会有东西卡住导致抽屉打不开的情况。

笔筒、放小东西的盒子等，选喜欢的造型使用的话也挺开心的。

不仅方便好用，看起来也很舒服。

对呀。

我打算去杂货店或十元店看一看！

真子也去吗？

也去呢！

我非常喜欢杂货店！

你们俩都是，必要的东西准备好了之后，就按决定好的规则放到决定好的地方吧。

放完之后，整理整顿就暂时完成了哦。

还剩一点点。

加油！

完成之后，别忘了把整理整顿过的地方的照片拍下来贴到"整理整顿作战笔记"上哦。

按决定好的规则放置进去——雷伊的情况

整理整顿前

桌子周围可以变得这么整洁啊!

整理整顿后——桌子上

整理整顿后——抽屉里

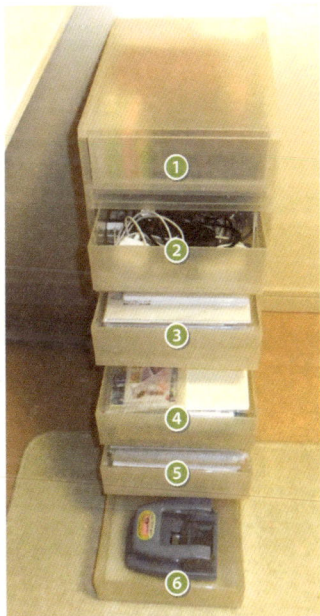

经常使用的东西
1. 文房用具
2. 手机的充电器等
3. 笔记本等

偶尔使用的东西
4. 邮寄相关用品
5. 打印机纸等
6. 打孔器

漫画的话，偶尔想一口气读完，所以按系列整理后放到盒子里啦。
文库本也不好竖立放在书柜里，放到盒子里的话，书就少了很多。感觉好清爽！

整理整顿前

书上面和前面没有别的叠放的书，变成了不仅好看而且好用的书柜了。

整理整顿后

漫画文库本

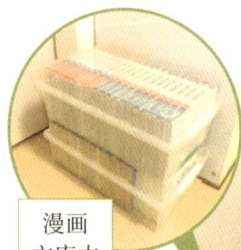

❹ 遵照规则放置东西

整理整顿后的桌子

桌子上只有经常使用的文房用具和装了常用资料的文件箱

---

❹ 遵照规则放置东西

桌子右前方放着经常使用的文房用具

桌子右边放着装了常用资料的文件箱

使用文件盒来分类

---

❹ 遵照规则放置东西

整理整顿后的抽屉
各层放的东西（从上面开始）

"经常使用的"
1. 文房用具
2. 手机充电器等
3. 笔记本

"偶尔使用的"
4. 邮寄相关用品
5. 打印用纸
6. 打孔器

把小东西用可以隔开的盒子来分类放置

用于邮寄的东西都放在一起

---

❹ 遵照规则放置东西

整理整顿后的书柜

经常使用的书放在上面

漫画\文库本

学习参考书　字典\事典

小说\童话　图鉴

漫画和文库本从书柜中取出来放进盒子

重书放下面

这是雷伊的整理整顿作战笔记哦。想仔细看的小朋友，让家长下载下来吧。

（第 120 页）

按决定好的规则放置进去——真子的情况

整理整顿前

把不需要的衣服整理好之后，拥挤的抽屉变得很整洁。

变得容易看见了呀！

整理整顿后

整理整顿前，如果勉强取出下面的衣服的话，会很吃力的。

整理整顿前

抽出来的话，别的衣服就会变得乱七八糟……

整理整顿后

想穿的衣服变得容易找到和容易取出了！卫衣和休闲服的放置方法也一样哦。

这是真子的整理整顿作战笔记哦。想仔细看的小朋友，让家长下载下来吧。（第 120 页）

④ 遵照规则放置东西

整理整顿后的收纳箱

袜子、内衣	室内衣服
T恤、长袖衬衣	卫衣
裤子	休闲服

④ 遵照规则放置东西

整理整顿后的抽屉（袜子、内衣）

制作把抽屉自由隔开的板子　　袜子按颜色分开后放进去

④ 遵照规则放置东西

整理整顿后的抽屉（T恤、卫衣）

T恤
长袖衬衣

喜欢的

卫衣

蓝
红
白
深蓝

T恤或卫衣，按颜色分开，从T恤开始按喜欢的顺序

④ 遵照规则放置东西

整理整顿后的衣柜（用衣架挂的衣服）

 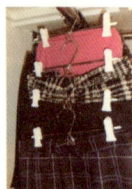

把长衣服和短衣服分开后放进去
裙子和短裙使用可以挂起来的衣架

你们俩都顺利完成了整理整顿！

太棒了！

做一下试试看吧！

按决定好的规则放置进去吧

小朋友们也像雷伊和真子一样，按决定好的规则把东西放置进去，完成整理整顿吧。

放进去之后，拍下照片贴到"整理整顿作战笔记"的"遵照规则放置东西吧"的页面吧。

不仅要拍下整体的照片，下过功夫的部分照片也都拍下来的话，就更容易看懂了！

参考一下雷伊和真子的吧。

致各位指导者以及监护人
第4章 总结

总结 决定分类方法和排列方法的规则之后，就一边看放入的场所以及要放的东西，一边想一想在哪儿放置什么。

"放东西的窍门"
- 考虑安全问题
  重的东西不要放到高的地方
  容易坏的东西放到盒子里或者下功夫让它们不要倒下
- 对放置用具下功夫
  有很多收纳用具，可以根据目的来选择
  有效利用空的点心盒子等手头有的东西

指导要点 第四章是按照自己决定的规则，试着把东西放进抽屉或者书柜里的具体行动，所以要指导孩子下功夫去让放置的东西看起来舒服，用起来好用。

到了实际放东西的阶段，就会有必要用到各种各样的收纳用品。如果是用过的用品的话，孩子应该也会想到的，不过最近也有很多好用的东西可能没见过，作为指导者、监护人，这时候可以给孩子们介绍"也有这样的东西哦"。

这本书也介绍了一些工具——雷伊的书柜和桌子用的整理资料的用具、真子的衣柜和收纳箱用的方便整理的工具，不过也有很多其他的东西。可以和孩子们一起去百元店或杂货屋看看，让他们一边想想怎样才有利于自己的整理整顿，一边选一下必要的东西，使他们乐在其中。即使不买新东西，也可以有效利用家里现有的东西，拓展孩子们的节约精神和创意之心。例如使用空点心盒、纸箱子或者厚纸来隔开东西等，鼓励孩子们自己动手并给予支持。

注意安全也很重要。"发生地震的话""停电的话""不小心碰到了的话"等，设想这种风险让孩子们考虑对策，可以锻炼他们的大脑。比如说，不光指导孩子们"重的东西不要放到高的地方"，也试着向孩子提问——如果放到了那个地方会引起什么后果，让他们自己去考虑。

自己房间的整理整顿完成之后，下一步的话可以试着和孩子检查一下家里，让他们想一想有没有危险的地方等等，这样就可以连接到孩子们下一步的学习。如果能让孩子们拥有提问意识，对身边的东西充满兴趣的话，将是非常好的事情。

第 **5** 章

遵照规则使用吧

即使完成了整理整顿，
也还没有结束哦。
怎么做
才能一直保持这样呢？
对！
有持续保持的窍门。

用完之后放回原处

桌子和书柜都变得整洁起来，感觉真好。

这样的话，爸爸就会允许我买游戏了吧。

那太好了！

我也为衣柜和收纳箱变得整洁而开心。

你们俩都太棒了。

好不容易变得整洁了，希望你们能努力一直保持这样。

是呀，我也想那样。

因为太不容易了！

从扔掉不需要的东西开始，再到决定分类方法和排列方法的规则，再按照规则放置东西……

是啊！

老师，怎么做才能保持这样？

其实很简单哦。

你们俩决定规则后再归置东西吧。

要保持那种状态，你们觉得怎么做才好呢？

遵照规则使用……？

说得很对！

要保持整理整顿的状态，

就要遵照自己制定的分类方法和排列方法来使用。

最基本的就是用完之后放回原处。

最基本的就是常说的用完之后放回原处！只要不增加新的东西，每次都能放回原处的话，就可以一直保持现在的样子哦。

实际上东西会偶尔增加，偶尔减少。不要的东西一定要扔掉哦。增加了新东西的话，要遵照分类方法和排列方法的规则来考虑放到哪儿哦。

觉得麻烦什么都不做的话，会马上变得乱七八糟哦。

下功夫去均匀使用

"用完之后放回原处呀。"经常被妈妈这样说的呢。

每次都放回原处的话，就不会有"剪刀不见了！""圆规去哪儿了……"之类的状况了。

真子，你是在说我吧……

对呀。

不过，也有不放回原处比较好的情况。

咦！

这是什么情况呢？

真子的规则是会把自己喜欢的 T 恤放到抽屉靠手边吧。

那室内衣服或者内衣呢？

袜子是按颜色分类，别的就没有什么规则了。

那洗完衣服的话，怎么放回去会比较好呢？

要决定放回方法的话，先要想一想"想要怎么使用"哦。

嗯嗯。

室内衣服或者内衣的话，想每次穿不一样的呢。

妈妈说那样的话衣服会更耐穿。

不使用同样的东西就叫做"均匀使用"。

要均匀使用的话，是有放回方法的窍门的哦。

普通衣服、内衣、毛巾或手帕之类的物品，

想均匀使用的话，

用完的时候就放回最远的地方。

从靠手边往里面排列的话就是最里面。

从左（右）到右（左）的话就是最右（左）边。

室内衣服和内裤的话总是从靠手边的方向取出来，然后洗完之后放到最里边就好。

取出的时候

从靠手边取出来

放回的时候

放回最里边

手帕也是，从最靠手边拿出来用，洗完之后再放到最里面。浴巾的话是堆叠起来放的，所以从最上面开始用，放回的时候从最下面开始。

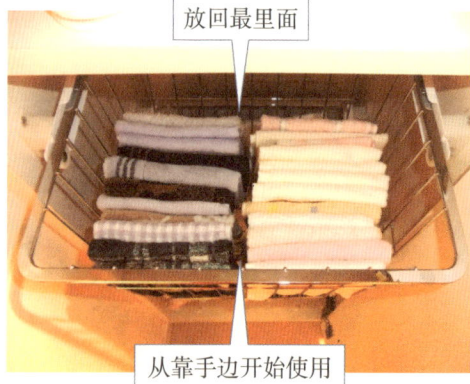

放回最里面

从靠手边开始使用

从上面开始用

放回最下面

爸爸妈妈上班时穿的西服也一样哦。比如说决定总是从右边开始穿的话，今天穿过的就放回最左边，这样就能均匀地穿起来。

穿过的放回最左边

今天穿的西服

总是从靠手边的东西开始用，新的东西用完了再放回最里面，这就像食物一样，在"新鲜感很重要"的时候，会是非常好的方法！

放入新东西

从靠手边开始使用

如果把这样的小包红茶放在盒子里的话，也可以从靠手边开始喝，买了新的之后再放进最里边。这样的话，就不会再留下旧的了。

餐巾纸也一样哦。从靠手边开始用，再把新的追加到靠里面就行了。

为了马上能取出来下功夫

均匀使用可以用在很多地方呢。

对呀。

毛巾或者内裤的话，即使有一直不用的也不会太为难。

但是食物的话就得注意一下了，因为有消费期限或食品保质期，所以要先买的东西先用，后来买的东西就放里边了。

均匀使用的方法之外，也可以在放回方法上下功夫哦。

真子，你如果想马上能取出经常穿的 T 恤的话，应该怎么做才能保持它总是在靠手边呢？

是呀。

我还好，知道自己喜欢什么衣服，可以按自己喜欢的顺序来排列。

可是妈妈洗完衣服放回去的时候就有点为难了。

妈妈放回去的时候，为了保持经常穿的 T 恤在靠手边，也必须在放回的时候放在最靠手边。

如果重复洗完之后放回最靠手边的话，经常穿的衣服就自然而然地聚集在靠手边了。

哦哦，就这么简单？

经常使用的东西，

如果想要很快地取出来的话，

可以在用完之后放回最近的地方。

从靠手边往里面排列的话就是最靠手边。

从左（右）到右（左）的话就是最左（右）边。

只要洗完之后一定放回最靠手边的话，经常穿的衣服就会聚集在靠手边，太有意思了！虽然偶尔会有好久没穿的T恤出现，但马上经常穿的T恤又会不断地聚集在靠手边，也不知道是什么时候变成这样的呢。

即使经常不刻意按喜欢的顺序放回去，大体顺序也不会差太多，这种方法真是简单好用呢。

在使用方法上下功夫——真子的情况

为了能**均匀使用**，或者能快速取出想要的东西，只要在使用方法方面下了功夫，就写到**整理整顿作战笔记**上吧。

⑤ 遵照规则使用吧

为"均匀使用"下功夫

取出的时候 | 放回的时候

从靠手边取出来

放回最里面

⑤ 遵照规则使用吧

为"能马上拿出来"下功夫

放回的时候放到靠手边

从靠手边取出的，洗完放回的时候总是放到最靠手边。这样的话经常穿的衣服就聚集到靠手边了。

在使用方法上下功夫——雷伊的情况

我的话，现在没有打算像真子一样在放回方法方面下功夫，所以就只有"用完之后放回原处"了。

那是最好的了！毕竟是每天都会有的事情，养成习惯吧。

做一下试试看吧！

想一想，在使用方法上下功夫吧

小朋友们有没有在整理整顿的时候，为了能均匀使用或者能马上取出来，下了功夫从而变得很好的地方呢？

如果有的话，就拍下照片贴在"整理整顿作战笔记"的"遵照规则使用吧"的页面里，顺便写上怎么下功夫的说明吧。具体可以参考真子的哦。

没做完的东西怎么办

虽然最基本的是用完之后放回原处，但是就没有马上放不回去或者不想放回去的东西吗？

嗯。

比如说？

今天穿过的大衣，用刷子刷了，整理完之后也还是觉得会有外边的气味。

我就想要先在外边放一放，再放回衣柜。

这样子啊。

我的话就是写了一半的作文、读了一半的书等等还在做的东西，就不能整理后收拾起来。

但是一直放在桌子上的话，又会妨碍到别的事情。

你们俩都是房间变得整洁之后，开始在意这些事情的呢。

太棒了！

没做完的东西，只要决定一个临时放置的地方，就能一直保持整洁的外观哦。

临时放置的地方？

比如说什么地方？

决定了**用来放置没收拾完的东西**的地方的话，
就能一直保持整洁的外观。

桌子里的又浅又大的抽屉，
为了可以用来放置没收拾完的东西，

一般都空出来比较方便。

桌子有这样的抽屉的话，就可以用来放置没
收拾完的东西哦。
爸爸妈妈的公司里面的桌子也是一样的哦。

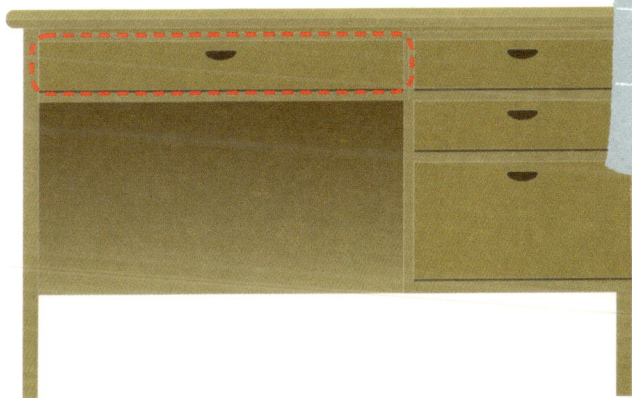

在没收拾完的东西上下功夫——雷伊和真子的情况

我的桌子没有又浅又大的抽屉，所以就放了专门用于没收拾完的东西的筐子哦。放进筐子的话，可以马上拿着筐子移动哦。

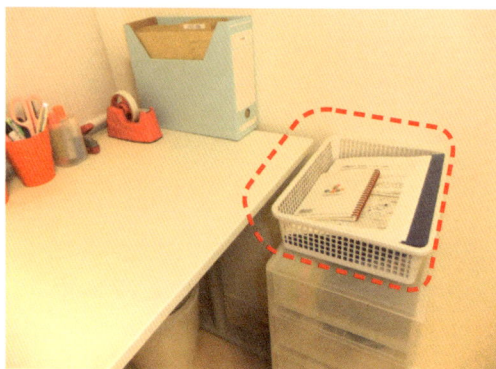

我如果不想马上放置起来的话，就挂到衣柱上哦。

5 遵照规则使用吧

为了遵守分类方法和排列方法而下的功夫

贯彻"用完之后放回原处"

决定地方用来放置没收拾完的东西

准备筐子用于没收拾完的东西

5 遵照规则使用吧

为了遵守分类方法和排列方法而下的功夫

贯彻"用完之后放回原处"

决定地方用来放置没收拾完的东西

不想马上放回去的衣服就挂在衣柱上，用刷子刷一刷，等整理之后再放回去。

做一下试试看吧！

想一想，怎么在没收拾完的东西上下功夫

小朋友们是不是也像雷伊和真子一样，想到了没收拾完的东西的放置地方。

准备了放置地方之后，拍下照片贴到"整理整顿作战笔记"的"遵照规则使用吧"的页面吧。
可以参考一下雷伊和真子的哦。

致各位指导者以及监护人
第5章 总结

总结

要保持整理整顿的状态，就要遵照自己决定的分类方法和排列方法的规则来使用。

"使用方法的窍门"
- 用完之后放回原处
- 想均匀使用的话，用完之后就放回最远的地方
- 想快速取出经常使用的东西的话，用完之后就放回最近的地方
- 决定没收拾完的东西的放置场所

指导要点

　　第5章主要学习了每天积累的东西——整理整顿并不是弄整洁之后就结束了，还要遵照自己决定的分类方法和排列方法的规则来使用，来指导孩子保持整洁状态。

　　经常会有在房间进行大扫除之后，即使当时变得很整洁，不知不觉又会变得杂乱无章的情况。整理整顿不是暂时的事情，持之以恒才是关键。虽说"用完之后放回原处"是必须的，但坚持这个小举动有多么困难，想必大人也感觉到了吧。如果放任"一不小心""一不留神""不知怎的"，把东西暂时放到别的地方的话，这期间就很有可能积少成多而不能放回原来的地方。而一次又一次地"用完之后放回原处"，却不需要什么大的精力，所以还是希望能一点点养成放回原处的习惯。

　　如果让孩子们坚持的话，最好能让他们觉得"整理完之后的整洁状态真让人开心""好想一直保持整洁"，但他们不能够自发地坚持，监护者们就有必要打声招呼了。在拿出来的东西还没有堆积的时候，别只说"使用完了就放回原处吧"，也问一下"这个按规则要放到哪儿？"等等，让孩子们能够自己觉察到自己决定的规则。如同这本书的标题"自我管理"一样——自己可以持续坚持自己决定的事情，可以极大地帮助强化孩子的自我管理能力。

　　为了均匀使用而下的功夫，或者为了能够快速取出而下的功夫，在大人的世界里也很有用。比方说，本书介绍的为了均匀使用而下的功夫的手法，也可以用于生产现场材料的在库管理。先买进的材料先使用，尽量不要留下旧的材料。为了能快速取出而下的功夫，则可以用于办公室的文件管理。阅览过的资料放回最近的地方，这样大家经常看的材料就会聚集到附近。

第6章

定期进行检查吧

即使遵照规则在使用，
偶尔也检查一下比较好。
什么时候、检查什么？
事先决定好了的话，就没问题哦！

决定检查的时机

只要遵照规则使用的话，就会一直保持整洁呢。

应该是吧。

不过真的可以吗？

毕竟到现在为止，都是一反应过来衣服就已经满满的了。

也是哦。被真子这样说的话，有点失去信心呢。

比起真子，我更随便呢。

雷伊，怎么少见地开始胆怯了呢？

确实，我也觉得能够百分百遵守决定好的规则的人是很少的呢。

所以说，要进行定期检查。

检查？

对，也就是发现问题以便修正的意思哦。

定期检查要按什么样的时机来做才好呢？

嗯，要根据平时有多长时间能够遵守规则，或者按多久可以不用勉强来确定。

自己决定哦。

要**保持整理整顿好**的状态，

就**进行定期检查**吧。

没有遵守规则的信心或者还不习惯规则的话，

就**1 个月检查一次**吧。

习惯了的话，**半年到一年检查一次**也没关系。

变得乱七八糟之后才检查的话，
就很困难了，所以没有信心的话，
就一个月检查一次吧。

可以把每个月最后的
周日定为"检查日"哦。

习惯了的话，年末大
扫除的时候也可以哦。

检查什么？

我没有一直遵守规则的信心，所以开始的时候每个月都要进行检查哦。

真让人佩服呀！

短期内检查的话，即使稍微有点杂乱，也会很快地纠正过来，比较好做哦。

老师，检查具体是指做什么呀？

真子，好好回想一下到现在为止所做的事情。

到底做了什么，才能保持现在的整洁状态？

嗯，刚开始就是把不需要的东西扔掉或者送给别人，之后就是检查还有没有不需要的东西。

是吧。

雷伊，下一步是？

决定分类方法和排列方法的规则后，就可以放入了。

那么，检查一下有没有遵守规则就行了吧。

说得很对。

都是一点都不特别的事情哦。

如果有了不需要的东西，就把它们扔掉或者送给别人，如果没有遵守规则的话就改正过来。

检查一下，
有没有增加不需要的东西。

以前是很必要的东西，

过了一段时间后，

有可能就**成了不需要的东西**。

也可以说算是忘了扔垃圾，以前觉得有必要而保存下来的东西也可能会变得不需要了。就像玩具店的优惠券，以前觉得会用到而保存了下来，现在**已经过了有效期限**！

去年喜欢的连衣裙，今年因为长高而**穿不下了**，送给表妹的话她会不会开心呢？

分类方法、排列方法、放置位置、使用方法等等，

检查自己制定的**规则有没有被遵守**。

虽说是自己决定的规则，也会有察觉到的时候，东西放错了地方的情况！果然检查还是很重要的。

弄错了的话，纠正过来就好了。很简单哦！

学校给的打印资料，想着"一会儿分类一下吧"，就放到了桌子上面，没想到越积越多！
还是要按照规则分类后放起来呢。

规则本身也可能会变得不好用，

所以，有必要重新修定一下规则。

卫衣本来是按颜色分类的，可是后来觉得还是按厚薄来分类更好选。所以就试着改变了一下排列方法。

蓝色
红色
白色
深蓝色

厚
薄

持续整理整顿的话，就会察觉到很多事情哦。察觉到了的话，再下点功夫就会变得更加好用啦。

让别人看一看吧

定期检查很重要呢。

能够持续整理整顿，有种干活厉害的感觉！

是呀。

用完东西放回原处，扔掉不需要的东西，有了新东西后按照决定好的规则放入正确的地方，定期检查……这样看的话有种爽快的感觉。

你们说的干活厉害、爽快的感觉，就是合理的意思。即"符合逻辑""高效无浪费"的意思哦。

我是不是说过能够整理整顿的话，就能学到"符合逻辑地思考事情的能力"？我觉得你们俩都已经掌握了这种能力。

那样的话就太好了。

房间变得整洁的话，也想叫朋友过来玩呢。

好呀，房间变得整洁了，就让家人和朋友看一看吧。

整理整顿是需要一直坚持的事情，所以希望你们能够快乐地进行。

谢谢老师！

我再试着整顿整理一下别的地方！

好开心！

我也成功了哦！

小朋友们也变得擅长整理整顿的话就太好了！

做一下试试看吧！
定期进行检查吧

小朋友们也像雷伊和真子一样，决定好检查的时机，坚持整理整顿吧。

检查的时机

致各位指导者以及监护人
第 6 章 总结

总结 要保持整理整顿后的状态，就要定期检查。

"检查的时机"
- 不习惯的时候，一个月一次
- 习惯之后，半年到一年一次

"检查的重点"
- 不需要的东西有没有增加
- 自己决定的分类方法和排列方法有没有被遵守

指导要点

　　第 6 章主要是让孩子理解<u>要保持整理整顿状态，就有必要定期检查</u>，从而能够为之行动起来。

　　平时就贯彻"用完之后放回原处"，总是遵照决定好的规则放置东西，整理整顿就基本能够维持下来。但实际上百分百遵守规则其实相当困难，每天目不转睛让孩子严格遵守也非常辛苦。另外新东西也会逐渐增加，单纯地只是"用完之后放回原处"不能根本解决问题。不管什么事情乐在其中才是长久的秘诀，所以对于不能遵守规则的情况，不要过度指责孩子，承认这种事情会发生，然后指导孩子偶尔定期检查一下，从而让房间回到整洁状态。让孩子觉得即使房间有点乱，只要定期检查一下就可以了的话，他们可能就会放轻松很多。

　　作为教育者和监护人，刚开始的时候和孩子们<u>一起定期检查、一起修正的话会更有效果</u>。大人的世界也一样，<u>比起一个人检查，多数人一起确认的话更容易发现问题</u>。为了能让孩子自主地按照自己决定的规则检查，大人们不要光用嘴说，也要用实际行动去帮助他们。例如"这个放在哪儿呢？""这个是按什么规则排列的呢？"——类似于这种提问式的帮助，总体来说以孩子领导为主，<u>遵照孩子的指示进行检查的状态是比较推荐的</u>。孩子们和兄弟姐妹或者朋友一起的话，就让孩子们之间互相检查整理整顿的状态，或者让他们一起定期检查也是不错的。

　　第 4 章的整理整顿大概完成的话，房间会一下子变得整洁起来，所以孩子们也能快乐地坚持下来，但之后的状态维持的活动就变得单调从而容易大意。监护人们要积极关注孩子们的情况，主动去鼓励和关心孩子们，不要让他们觉得麻烦而放弃。

结束语

在整理整顿上制定顺序、付诸行动的体验，感觉怎么样？

和孩子们一起快乐地进行了吗？

整理整顿并不是什么特别的东西，想必在孩子很小的时候，就作为基础教育之一而教过他们吧。即便如此还把这本书介绍给孩子们的大家，应该强烈地认识到它的重要性了吧。这确实是在孩提时代应该学到的东西，应该持续实践养成习惯的东西。

因人而异但谁都做过的整理整顿，有助于各种能力的提升。"扔掉不需要的东西"的时候，会提高按照一定的判断基准来决定"不需要"的判断力以及决定"扔掉"的决断力。即使是"不需要的东西"，在考虑再利用的时候，也会提高珍惜东西的爱心，以及关于循环利用的意识。"决定分类方法和排列方法"的时候会提高逻辑思考能力，"遵照规则放东西""遵照规则使用"的时候会变得擅长使用、收纳物品，可以提高创造力。然后还有为了保持整洁状态而持续遵守规则，可以学到持续力。这样看的话，大概就能理解这是可以平衡强化生存需要的各种重要基本能力，是身边的学习主题，大家应该能够明白吧。

实际上整理整顿是大人都会觉得麻烦的事情，所以为了至少让孩子快乐地进行，取名为"整理整顿大作战"，让孩子们把进行的状况拍成照片等，随时可以看到取得的成果。孩子们如果不中途放弃坚持到最后完成，再到定期检查阶段的话，肯定会觉得很开心吧。

最后，是我个人的事情，我想把这本书献给我最爱的妈妈。作为曾经不会收拾的孩子的我，长大之后却成为一名文件指导者进行企业的文书管理指导等等，体会到了指导整理整顿的立场，也想起了妈妈生前一起快乐地进行的各种事情，不禁感慨"是妈妈教会了我整理整顿啊"。

感谢您读完本书。

山崎　红

参考信息的介绍

本书中使用的"整理整顿作战笔记"或面向指导者的参考信息，可以从下面的链接下载。希望可以帮到孩子们在学校的授课和家里的学习。

http://ec.nikkeibp.co.jp/item/books/P95780.html

"可以下载的东西"
- 整理整顿作战笔记（可以在白纸上做笔记的格式）
  ① 整理整顿作战笔记 .docx（Word 格式）
  ② 整理整顿作战笔记 .pptx（PowerPoint 格式）
  ③ 整理整顿作战笔记 .pdf（PDF 格式）
- 雷伊制作的整理整顿作战笔记样本
- 真子制作的整理整顿作战笔记样本
- 其他面向指导者的参考信息等等

"整理整顿作战笔记的用法"
本书中雷伊和真子使用"整理整顿作战笔记"来一边记述整理整顿进行的状态一边进行整理整顿，但是不写"整理整顿作战笔记"也可以进行整理整顿，这并不是必须的。请在展开自由研究活动等需要整理活动记录的场合使用吧。
"整理整顿作战笔记"准备了 Word、PowerPoint、PDF 三种格式。格式不一样，布局也会有所差别，但内容是一样的。
使用电脑制作的话，请使用 Word 或者 PowerPoint 格式的"整理整顿作战笔记"。手写的话，就把 PDF 格式的"整理整顿作战笔记"打印之后再使用吧。
Word 和 PowerPoint 格式的"整理整顿作战笔记"和雷伊以及真子制作的是一样的，虽然准备的是蓝色和粉红色的设计，但可以根据喜好自由编辑。
本书正文中也提到过，"整理整顿作战笔记"中推荐在重要的地方拍照片贴上。是因为在杂乱的状态当中，怎么进行整理整顿，比起文字说明，看实际情形的话更容易理解。
用电脑制作的话，就把照片数据粘贴上去就行。手写的话就需要把照片打印或者冲洗出来贴上去。

如果不知道"整理整顿作战笔记"的写法，也可以下载本书中介绍过的雷伊和真子的样本（全页码格式）来参考。

雷伊的例子

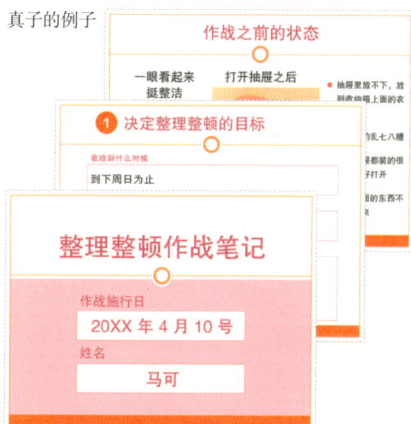

真子的例子

"关于参考信息的使用"

- 提供的文件都是在 Word2010/2013、PowerPoint2010/2013 环境下可以正常使用的，可能会由于您电脑的使用环境以及软件版本的不同，实际文件与本书提示的颜色或者尺寸、布局、字体等会有不同。请予以谅解。

- 前述链接提供的"整理整顿作战笔记"的例子只是参考样品。其中涉及的内容、名称、地名等，都和实际存在的无任何关系。

- 前述链接提供的文件的著作权全都归属于作者，只限于个人使用。不过，学校教育以及相关场合，把本书作为教材导入后用于授课的话，也准许使用。另外，不论个人或商用的用途，禁止向第三者转让、租借、发布再分发。如有不明，请向日经 BP 公司咨询。

图书在版编目（CIP）数据

超级整理术：妈妈不咆哮，孩子自学成为整理小能手/（日）山崎
红著；杜冲译 . -- 南京：江苏人民出版社，2020.11
ISBN 978-7-214-24128-3

Ⅰ . ①超… Ⅱ . ①山… ②杜… Ⅲ . ①自我管理—儿童教育
Ⅳ . ① C912.1

中国版本图书馆 CIP 数据核字（2019）第 252616 号

江苏省版权局著作权合同登记号：图字 10-2019-568 号

SHOGAKUSEI KARA HAJIMERU SEIRI SEITON CHIKARA GA MINI TSUKU HON
written by Akashi Yamazaki
Copyright © 2015 by Akashi Yamazaki. All rights reserved.
Originally published in Japan by Nikkei Business Publications, Inc.
This Simplified Chinese edition was published by Beijing ZiYun WenXin Books Co.,Ltd.
in 2019 by arrangement with Nikkei Business Publications, Inc. through Qian TaiYang Cultural
Development (Beijing) Co., Ltd.

超级整理术：妈妈不咆哮，孩子自学成为整理小能手
山崎红（著）
本书最初由日本日经 BP 在日本出版，版权归山崎红所有，并保留所有权利。

本作品简体中文版于 2019 年经由日本日经 BP，委托千太阳文化发展（北京）有
限公司代理，授权给北京紫云文心图书有限公司独家出版发行。
非经书面同意，不得以任何形式重制、转载。

书　　　名	超级整理术：妈妈不咆哮，孩子自学成为整理小能手	
著　　　者	［日］山崎红　　插图	Akiko Akiba
译　　　者	杜　冲	
责 任 编 辑	石　路	
封 面 设 计	留白文化	
版 式 设 计	张文艺	
出 版 发 行	江苏人民出版社	
出版社地址	南京市湖南路1号A楼，邮编：210009	
出版社网址	http://www.jspph.com	
印　　　刷	天津光之彩印刷有限公司	
开　　　本	880 毫米 ×1230 毫米　1/32	
印　　　张	4	
字　　　数	45 千字	
版　　　次	2020 年 11 月第 1 版　　2020 年 11 月第 1 次印刷	
标 准 书 号	ISBN 978-7-214-24128-3	
定　　　价	45.00 元	